AF463413

# NOTICE

## HISTORIQUE ET STATISTIQUE

## SUR LA VILLE D'ACQUI

ET SES ENVIRONS,

SES EAUX THERMALES

ET

L'ETABLISSEMENT MILITAIRE

AU-DELA DE LA BORMIDA.

PAR M.^r LESNE

*Inspecteur des Hôpitaux Militaires,*

*Ex-agent général aux Armées.*



ALEXANDRIE,

PAR VICTOR ALAUZET, IMPRIMEUR.

en décembre 1807.

## A Monsieur Dauchy,

Conseiller d'Etat, Intendant du Trésor public dans les départemens au-delà des alpes,

Commandant de la Légion d'honneur.

Monsieur l'Intendant

Dans le département de l'Aisne où Vous avez laissé des regrets et des souvenirs précieux; dans celui de Marengo où chacun Vous revère et Vous chérit, Vous avez toujours accueilli et favorisé tous les projets qui pouvaient tendre à l'avantage et au bonheur de vos administrés: Dans le haut et important emploi que SA MAJESTÉ a confié à vos soins, pour l'administration des finances au-delà des alpes, Vous trouvez encore des instans pour Vous occuper de diverses vues d'utilité publique. J'ai présumé que Vous liriez, avec quelqu'intérêt, une notice dans laquelle il est question d'améliorer un établissement qui rend chaque année des services importans à l'humanité, et d'en créer un autre devenu nécessaire; et qui traite de l'historique et de la statistique des environs d'une petite Ville intéressante que Vous avez visités. Veuillez agréer l'hommage de ce petit ouvrage avec votre bonté ordinaire, ainsi que l'expression des sentimens du profond respect avec lesquels j'ai l'honneur d'être,

Monsieur l'Intendant,

*Votre très-humble*
*et très-obéissant serviteur,*

Lesne

PLUSIEURS *écrivains anciens*, *tels que* PLINE, STRABON, SÉNÉQUE, TACITE, TITE-LIVE, *ont parlé d'*Acqui, *de ses anciens habitans*, *de ses eaux thermales et de la salubrité de son climat*: *un plus grand nombre de modernes*, *la plupart Médecins et Chirurgiens des* 16.$^{e}$, 17.$^{e}$ *et* 18.$^{e}$ *siècles*, *nous ont laissé des dissertations sur la nature et les vertus de ces mêmes eaux*; *on les trouve citées dans l'ouvrage de M.* MALACARNE, *intitulé* Trattato delle Regie Terme d'Acqui, *et imprimé à* Turin *en* 1778; *c'est ce que nous avons de plus complet*, *de plus détaillé sur ce sujet intéressant. Son auteur estimable*, *encore vivant et Professeur de Chirurgie à* Padoue, *chargé alors de la direction de l'établissement des bains militaires au compte du Roi de Sardaigne, a donné dans sa dissertation, fruit de plusieurs années d'observations, des preuves de connaissances, de zèle, de patience, de modestie et du désir d'être utile à ses semblables. Mais malheureusement M.* MALACARNE *n'avait point fait une étude particulière de la chimie; il ne pouvait, ainsi que ceux qui l'ont précédé, être au courant des découvertes et de la nouvelle langue de la chimie moderne; ses descriptions sont vagues, et les analyses qu'il nous donne sont tout-à-fait inexactes; il ne parle point des fièvres intermittentes que l'on a prétendu dernièrement régner dans l'établissement; depuis que son ouvrage a paru, il a été fait des changemens dans les distributions des bâtimens qui ont reçu une nouvelle destination; le nombre des sources de l'enceinte n'est plus le même; on a découvert à quelque distance une source sulfureuse froide qui n'a paru que depuis une dixaine d'années; l'on sollicite de nouvelles dispositions pour agrandir et améliorer l'hospice; l'ouvrage de M.* MALACARNE *ne pouvait donc répondre aux désirs d'un Ordonnateur zélé* (1), *ni remplir les intentions philantropiques de S. Ex. le Ministre Directeur de l'Administration de la guerre; en conséquence, un Professeur de chimie d'un mérite distingué, et connu par d'autres ouvrages plus importans, a été chargé de l'analyse des eaux et des boues; MM. les Officiers de santé ont dû communiquer des observations sur leurs heureux effets, sur la salubrité ou l'insalubrité du local occupé par les baignans, sur les maladies qui peuvent y régner et sur les moyens d'y apporter remède. L'Inspecteur des Hôpitaux Militaires invité à faire part de ses vues d'amélioration pour la partie* *administrative, s'est chargé en même tems de l'historique et de la statistique d'*Acqui *et de ses environs. Il désire que le lecteur parcoure, avec intérêt, ce petit ouvrage, rédigé principalement dans le dessein d'être de quelque utilité aux braves militaires souffrans, et qui peut être regardé comme un discours préliminaire de l'analyse chimique de M.* MOJON.

# NOTICE

## HISTORIQUE ET STATISTIQUE SUR LA VILLE D'ACQUI ET SES ENVIRONS.

LA Ville d'*Acqui*, avant la réunion du Piémont à la France, était la Capitale du *Haut-Montferrat*: elle est maintenant le chef-lieu d'une Sous-préfecture du département de *Montenotte*. Située sur le penchant et au bas d'une petite colline, elle a ses maisons exposées partie au midi, partie au couchant, et à la distance d'environ un demi * myriamètre de la rive gauche et septentrionale de la *Bormida*. Sous la longitude de 26 dégrés 5 minutes, et à la latitude de 44 dégrés 26 minutes, elle se trouve à 30 myriamètres d'*Alexandrie*, et forme un triangle avec *Gênes* et *Savone*, dont elle est éloignée d'environ 60 myriamètres.

On croit assez généralement qu'elle a été bâtie sur les ruines de *Caristo*, détruite de fond-en-comble par le barbare Consul POPILIUS LENATE, qui eut la cruauté de vendre ses malheureux habitans, et auxquels le Sénat Romain rendit la liberté, et assigna en dédommagement des terres à *Crescentino* sur le Pô. Cette opinion n'est fondée sur aucun monument; cependant elle est la plus probable, comme on le verra dans un ouvrage que se propose de faire paraître M. BIORCI citoyen d'*Acqui*.

Quoiqu'il en soit, il est certain qu'elle a été anciennement habitée par un peuple Ligurien, nommé les STATIELLENS et qui occupaient le *Haut-Montferrat*. La vengeance cruelle du Consul dont nous venons de parler, annoncerait assez que ces STATIELLENS lui avaient fait payer la victoire bien chèrement, et qu'ils formaient par conséquent un petit État respectable: dans des tems plus rapprochés *Acqui* était leur Ville principale, mais peu considérable, suivant toute probabilité, et misérable en raison de ce qu'ils avaient souffert.

Les Romains, devenus paisibles possesseurs de la Ligurie, donnèrent à ce chef-lieu le nom d'AQUÆ STATIELLÆ du nom des habitans: on sait quel usage fréquent ils faisaient des bains; et les termes que le tems a respectés, nous rappellent leur luxe pour ces sortes d'établissemens non moins que leur grandeur. Les Eaux thermales d'*Acqui*, dont les vertus principales se manifestent facilement, ont dû bientôt fixer leur regard; bientôt elles ont dû attirer en foule les riches voluptueux ou souffrants; l'humanité y aura fondé des hospices pour l'indigence; l'homme religieux y aura élevé des Temples aux divinités qu'il supposait présider à des sources si précieuses; et cette petite Capitale se sera trouvée plus peuplée, plus vivante, plus brillante qu'avant l'établissement de ses conquérans. C'est ainsi qu'un fleuve majestueux, grossi par les pluies du midi, traverse avec ses ondes furieuses un terrein stérile sur lequel se trouvent quelques cabanes champêtres; il attaque, renverse et détruit la chétive habitation du pâtre, qui a fui épouvanté et désespéré; mais bientôt ses eaux se retirent et laissent un limon précieux qui a changé la nature d'une terre ingrate, l'a rendue fertile, et par d'abondantes moissons, dédommage amplement d'un désastre facilement oublié.

Les inscriptions, les vases précieux, les mosaïques, les ustensiles, les monnayes, les statues et les idoles trouvés dans diverses fouilles, et dont partie fait l'ornement des cours de la ci-devant Université de *Turin*, partie a servi à enrichir les musées des curieux ; les choses précieuses que l'on trouve encore en ce genre, pour peu que l'on veuille faire de frais ; les restes d'un acqueduc qui conduisait l'eau douce de la montagne de la *Rocca-Sorda* à la Ville : tous ces monumens attestent sa splendeur sous les Romains.

Quoiqu'autrefois bien plus considérable, *Acqui* a dû de tous tems être situé dans la même position, en s'étendant beaucoup plus qu'à présent vers les collines qui sont exposées au sud-est : les fouilles qui ont été faites avec succès dans cette direction confirment cette opinion. Mais c'est sans doute une erreur de croire, comme certaines personnes se le persuadent, que cette Ville s'étendit autrefois au-delà du lit actuel de la *Bormida*, et jusqu'à la *Rocca-Sorda.* Jamais *Acqui* ni *Caristo* même n'ont eu une enceinte aussi vaste qui en aurait fait des Villes immenses : l'acqueduc prouve assez le contraire. Quelques murs de fondations que l'on a découverts annoncent bien qu'il y avait des habitations, des maisons de campagne, des établissemens même du côté de la *Rocca-Sorda*, et dans le voisinage des bains du *Stregone* ; mais il n'en n'est pas moins constant que l'acqueduc portait ses eaux à la Ville qui devait être dans la position que nous venons de retracer ; et il est présumable que ce monument élevé à grands frais, servait encore dans la saison des pluies et des fontes des neiges, de pont aux piétons qui allaient de la Ville aux bains situés au-delà de la *Bormida*, ou qui en revenaient.

La Ville d'*Acqui* a bien changé, et bien perdu de l'importance qu'elle pouvait avoir anciennement. Quoique depuis long-tems elle soit le siége d'un Evêché ; quoiqu'elle ait été la résidence d'un Duc sous les Lombards, et constamment la Capitale du *Haut-Montferrat* ; elle est réduite à une petite enceinte, et entourée d'une mauvaise muraille qui doit être abattue ; son château situé au levant, et que l'auteur du tableau statistique de la *Haute-Italie* nous donne comme capable d'arrêter une petite armée, est absolument insignifiant ; et avec tous les travaux du Génie, il aura peine à loger 150 hommes de garnison. Sa population que les guerres fréquentes de ses Ducs et de ses Marquis ont dû constamment affaiblir, était encore de 8,000 ames il y a douze ans ; elle ne s'élève pas maintenant au-delà de 6,000 (2). On y compte trois à quatre maisons qui ont quelqu'apparence, telles que le Séminaire, les maisons Lupi et Roberti, etc. ; mais elle ne renferme aucun édifice remarquable : sa Cathédrale seule, bâtie dans le 12.me siècle, est d'une architecture passable.

On n'y voit fleurir aucune manufacture intéressante : il s'y fabrique pourtant pour une cinquantaine de mille francs de rubans et de cordons de soie. Le manque d'eau convenable à la teinture ne permettra jamais de porter bien loin cette branche d'industrie qui n'a été entreprise que depuis quinze ans ; elle pourrait cependant prendre une plus grande extension, et devenir plus importante et plus avantageuse, si l'on faisait venir quelques métiers de *Paris* ou de *Lyon* et quelques Ouvriers Français. Au surplus, si l'on ne rencontre dans les murs d'*Acqui* ou dans les environs, ni manufacture, ni usine, il est plus juste de l'attribuer au manque d'eau courante, claire et ayant de la pente, que de l'imputer à l'insouciance ou au défaut d'intelligence des habitans.

Les deux seules branches de commerce qui mériteraient d'être citées, seraient les vins et la soie ; si vendre sur les lieux, à ses voisins ou à des étrangers, le surplus de son nécessaire peut s'appeler commercer : mais de fait l'on ne connait aucun négociant du pays qui fasse de grands achats et de grandes spéculations, soit en vins, soit en soies. Il ne faut point en rechercher bien loin la cause ; elle tient aux routes, dont aucune n'était praticable pour les voitures pendant toute l'année. Cependant l'itinéraire d'Antonin indique

*Acqui* comme une des stations ou étapes de la route militaire ; c'était un point essentiel par où passait la belle voie Emilienne : on la retrouve encore dans les directions qui mènent à *Tortone* et à *Savonne* ; le peuple la désigne sous le nom de *Via Emilia* ou *Romea* (3). Cette chaussée appelée aussi vulgairement *Strada alta* de son élévation au-dessus des terres qu'elle traverse, et formée de diverses couches de petits cailloux parfaitement rangés et liés sur tout à la surface où elles forment une mosaïque solide, devait avoir au moins un mètre d'épaisseur ; sa largeur est de sept mètres. Quoiqu'il eut été très-facile de l'entretenir, elle a été entièrement négligée par la politique des Souverains, ou par suite du mauvais état de leurs finances. Mais un Monarque plus grand, plus puissant a parlé : une double grande route partant d'*Alexandrie* et de *Turin* pour arriver à *Savone*, a été décrétée ; *Acqui* se trouvera précisément le point de son embranchement : déjà l'on a fait des réparations et des travaux utiles à moitié chemin d'*Alexandrie* ; déjà elle s'avance en partant de *Savone* à sept à huit miriamètres à travers des rochers impraticables ; ces géants orgueilleux ont vu déchirer leurs flancs escarpés, et ont baissé leurs têtes altières pour servir de marche-pied à l'homme devenu audacieux à la voix de celui qui le gouverne. Le projet merveilleux de joindre la méditerranée à l'adriatique par un canal qui, partant des environs de *Savone*, ira passer à *Acqui* et *Alexandrie*, avant de joindre le Pô, vient d'être présenté par M. le Préfet du département de *Montenotte* (4). Ce projet est accueilli; des Ingénieurs vont se transporter sur les lieux pour en reconnaître la possibilité et en tracer le plan; dix ans suffisent pour l'exécuter. Ainsi la Ville d'*Acqui* va bientôt avoir des débouchés faciles pour ses vins délicats et recherchés, et ressentir les heureux effets de la sollicitude du Héros auquel elle se fait gloire d'obéir; et l'époque est peut-être prochaine où on la verra sortir du néant et appelée à de brillantes destinées.

Les environs (5) offrent une variété agréable de plaines, de vallons, de coteaux, de collines et de montagnes. Les plaines n'occupent pas un tiers du terrein; leur terre végétale a peu d'épaisseur; elle pose sur des couches de cailloux et de graviers qui annoncent l'antique séjour des eaux. Les champs sont bordés et garnis de mûriers; on y sème du bled, du marsage et sur-tout du maïs qui y réussit bien et fait le principal objet de leur culture et de leur récolte. Les terres sont généralement bien cultivées, et elles sont d'un assez bon rapport, sans être ce qu'on appelle fertiles. La *Bormida*, dont la pente n'est point rapide, ne donne aucun moyen d'irrigation; ses eaux d'ailleurs trop dures, et privées d'un limon propre à engraisser les champs ou les prairies, paraissent contraires à la végétation: et les dépenses considérables qu'un riche propriétaire de *Strevi* a faites pour les élever artificiellement ont été à pure perte, et n'ont servi qu'à amaigrir et appauvrir son terrein. Les torrens du *Ravanasco* et du *Medrio* étant, pour ainsi dire, à sec pendant presque tout l'été, n'offrent pas plus de ressources. Les terres de la rive droite de la *Bormida* ne valent point celles de la gauche; et au total les récoltes ne suffisent point aux besoins des habitans; on y supplée en échangeant des vins contre des denrées; et une partie des gens de la campagne pendant plusieurs mois de l'année est en quelque sorte en émigration, suivant l'usage des montagnards, pour aller faire ailleurs les moissons ou s'employer à d'autres travaux.

Les coteaux produisent de fort bons vins; c'est la richesse du pays: mais ces vins ne se conservent et ne peuvent être transportés qu'avec des précautions; peut-être cela tient-il à la manière de les faire. Il est certain qu'on laisse murir le raisin beaucoup plus qu'en aucun canton vignoble de la France. Cependant quelques particuliers ont essayé de le cueillir avant qu'il ne fût parvenu au dégré de maturité ordinaire, et ces essais n'ont point réussi. Il y a peu de montagnes qui soient incultes, même à leurs sommets; celles-là dans les endroits moins élevés sont garnies de châtaigniers, dont toutes les collines sont couronnées, sur-tout sur la rive droite de la *Bormida*.

Rarement un tapis de verdure vous invite à vous reposer à l'ombre d'un arbre hospitalier, pour y jouir du doux spectacle d'un heureux troupeau broutant paisiblement l'herbe tendre, ou bondissant gaiement sur la prairie émaillée de fleurs; rarement, comme en d'autres lieux, la vache fait entendre le soir ses beuglemens, qui annoncent son impatience de présenter à la bergère un pis gonflé d'un lait nourrissier: le beurre est apporté de quelques communes peu éloignées, et l'on ne mange que d'un mauvais fromage de brebis. L'impossibilité de dérober un filet d'eau à une rivière ou à un torrent, de diriger une source quelconque, d'en former un ruisseau qui serpente et vivifie une prairie, détermine le propriétaire à la défricher; peut-être l'insuffisance de terres à blé et à mays, peut-être l'attrait d'un rapport qui ne demande point d'engrais pendant quelques années, sont des motifs plus déterminans encore.

On cultive, mais sans soins et sans beaucoup

d'intelligence, le grand roseau appelé domestique ou des jardins, *Arundo Donax*: on en fait des échalas pour la vigne, et des claies pour les vers à soie et pour sécher les châtaignes. Mais on pourrait tirer un bien meilleur parti de ce géant des graminées, qui s'élève quelquefois à la hauteur de trois et même quatre mètres. D'une culture facile, il se plait dans les lieux humides comme dans les terreins secs, dans les Vallées comme sur les montagnes, pourvu qu'on lui donne une bonne exposition et quelqu'engrais : il se reproduit principalement par drageons et par œilletons; et après deux ou trois automnes au plus, on n'a que la peine de couper tous les ans ce roseau précieux, dont la tige, les racines et les feuilles sont autant de bienfaits de la Providence (6).

Le jardinage est négligé comme dans la plus grande partie de l'Italie. Les légumes sont peu abondans et d'une qualité médiocre ; on en mange cependant de bons à *Acqui*, mais ils viennent de *Strevi* et de *Riva-Alta*, deux communes qui se trouvent à quatre ou cinq myriamètres dans la direction d'*Alexandrie*. Lorsque l'on est favorisé par les pluies des mois d'août et de septembre, il y a abondance de champignons; on les trouve principalement sur les collines: et la truffe qui semble ailleurs croître de préférence sous le chêne, se plait également ici comme les champignons à l'ombre des châtaigniers. Elle aime une terre inculte : on en trouve de deux espèces, de blanches et de noires : les blanches se développent en automne, les noires au commencement de l'hiver. On en rencontre cependant aussi des deux espèces dans la même saison. Pour découvrir cette production singulière, dont on a cru appercevoir la fructification, mais dont la végétation et la reproduction se cachent à nos faibles organes, l'on ne se sert point du cochon avide, mais du chien fidèle et intelligent que l'on dresse facilement à cette chasse. Les truffes sont, ainsi que les champignons, abondantes en raison des pluies convenables.

Le pain est la nourriture des gens aisés; on le fait fort bien à *Acqui*; généralement il est pétri avec l'eau thermale dont nous parlerons plus bas. Le peuple se nourrit de Polenta; les habitans des montagnes mangent aussi des châtaignes, mais ils ne s'en nourrissent exclusivement que lorsqu'il y a disette de maïs. Ils les vendent à des marchands qui vont les porter à *Gênes* et à *Savone*, avec les champignons et les truffes, pour les échanger contre du poisson de mer ou des denrées qu'ils viennent apporter au marché d'*Acqui*. Les châtaignes se vendent en grande partie séchées, non au four, mais dans une chambre destinée à cette opération: on y forme une sorte de faux-plafond avec une claie à jour sur laquelle on les étend; on allume sous cette claie un feu de bois verd, et l'on ferme la porte afin que la fumée se répande partout, pénètre toutes les châtaignes et leur enlève toute leur humidité : ainsi préparées, elles peuvent être envoyées au loin et même embarquées; elles sont principalement expédiées pour l'Espagne (7). Le châtaignier est un arbre précieux pour le peuple, précieux pour les communes dont il forme le principal revenu. Il n'est cependant pas rare d'en rencontrer qui sont dégradés; peut-être faute de surveillance; peut-être parce que les communes ne pouvant les louer à baux amphitéotiques, ils sont moins bien entretenus (8).

L'eau et le vin sont les deux boissons du pays. Les sources d'eaux douces ne sont pas très-abondantes; celle de la *Rocca-Sorda*, au-delà de la *Bormida*, et qui fournissait l'eau à la Ville du tems des Romains, au moyen de l'acqueduc, a probablement perdu de sa bonne qualité et de son abondance; elle est encore contenue dans un réservoir qui peut avoir 2 mètres 60 centimètres de profondeur, sur 2 mètres de longueur et 2 de largeur. Je saisis volontiers l'occasion de donner quelques détails sur un monument intéressant dont les ruines ont encore quelque chose de majestueux et nous rappellent de grands souvenirs.

A mi-côte de la face septentrionale de la montagne appelée la *Rocca-Sorda*, étaient les citernes, réservoirs, ou châteaux d'eau qui alimentaient, à ce que l'on assure, trois canaux; l'un allant vers les lieux où sont situés nos bains, un second vers la rivière, et le troisième ou principal, vers l'acqueduc dont il reste encore quatre arches et une douzaine de pilastres.

L'acqueduc qui semble dirigé sur le chateau, ne prenait cette direction que pour venir joindre le premier rocher d'où les eaux pouvaient avoir assez de pente pour arriver à la Ville sans beaucoup de frais, et au moyen d'un conduit ou petit canal souterrain. Ce qui le démontre, c'est l'élévation du chateau où ces eaux n'auraient jamais pu monter. Ce rocher à bans calcaires est sur la rive gauche de la *Bormida* et à l'embouchure du torrent du *Médrio* dans cette rivière. M. Ferdinand Bruni, et le cultivateur du champ, m'ont assuré avoir encore vu les conduits de plomb et les vestiges de ce canal dont nous avons suivi la direction, et qui devait aboutir à une prairie de la forme d'un bassin, peu éloignée de la porte *d'Alexandrie*, et dans laquelle se trouve une sorte de cave voutée, dont la maçonnerie est faite avec le même ciment que celui des arches de l'acqueduc.

La distance des environs du réservoir de la *Rocca-Sorda* au rocher, dont nous parlons, peut être de 3 kilomètres 1/2 : chaque arche ayant 6 mètres et 15 centimètres d'enjambement, et les pilastres 2 mètres 60 centimètres de largeur extérieure, il s'en suivrait qu'il y avait probablement quarante arches ; leur hauteur variait à mesure que l'on s'éloignoit de la montagne et que l'on s'approchait de la rivière ; celle des quatre qui restent est de 14 à 15 mètres. Les pilastres qui présentent deux faces extérieures de 2 mètres 60 centimètres, et deux intérieures de 3 mètres 80 centimètres sont d'une grande solidité; ils sont bâtis avec des dales de schiste calcaire équarries en forme de grandes briques, et liées par un ciment ténace devenu plus dur que la pierre même : ils perdent graduellement de leur épaisseur ; et à chaque hauteur d'un mètre 20 centimètres, le pilastre rentre d'environ 15 centimètres.

Ce n'est pas encore le moment de parler des trois sources d'eau douce du *Mont-Stregone* qui fournissent aux besoins de l'établissement des bains et de quelques habitations voisines. Je ne dirai que deux mots d'une source qui jaillit d'un petit banc de cailloux appelé la *Rocca*: cette source est au nord et à un kilomètre de la Ville où elle est amenée par des conduits de plomb. Une inscription placée sur le petit mur d'un réservoir porte ces mots : *Ære civium*, pour rappeler que ce sont les Citoyens aisés qui se sont cotisés cette année pour faire les frais de ce petit canal. L'eau en est très-agréable , on la dit excellente. Il y a d'autres petites sources répandues çà-et-là. En général l'eau des puits n'est pas mauvaise. On vante, comme d'une qualité merveilleuse , celle d'un puits qui se trouve dans un jardin de M. ACCUSANI. Au surplus le vin étant commun et à bon marché , il est peu de familles assez malheureuses pour ne pas pouvoir en faire leur boisson alimentaire et habituelle (9).

La *Bormida* prend, entre *Savone* et *Ceva*, ses deux sources qui viennent se réunir environ à 6 myriamètres d'*Acqui*. Cette rivière si terrible dans la saison des pluies et lors de la fonte des neiges , roule pendant l'été ses eaux tranquillement sur quelques cailloux, et sur un lit composé partie de sable , partie de terres schisteuse et argilleuse: elle a si peu de pente qu'on ne peut s'en servir pour les moulins, qu'au moyen de digues dispendieuses. Je suis bien loin pourtant de partager l'opinion d'un Officier de santé de mérite qui prétend prouver dans un mémoire fort bien écrit, que les eaux de la *Bormida*, devenues stagnantes, se décomposent et fournissent des principes abondans de putréfaction : nous reviendrons sur cette question intéressante en parlant de l'établissement militaire. Cette rivière est peu poissonneuse ; l'on n'y pêche dans les environs aucun poisson qui soit remarquable pour sa bonté ou pour lui être particulier : son sable est pur et excellent pour la bâtisse.

Le Gibier était autrefois très-abondant ; il est encore commun, quoique l'on n'en compte que peu d'espèces. On trouve des perdrix rouges et de grises, des tourterelles, des cailles, des grives, des ortolans et du lièvre. Le chasseur n'a pas l'agrément d'y poursuivre la grosse bête ; il peut s'amuser à inquiéter le renard ; et en s'éloignant un peu dans la direction de la mer, faire la guerre aux loups. On élève beaucoup de volaille ; elle est à très-bon compte, et elle couterait moitié moins, si on n'en faisait des accaparemens pour *Gênes*.

Le Botaniste et l'Insectologiste trouveront dans le voisinage une grande partie des plantes et des insectes qui se plaisent dans les pays de collines ; ils en rencontreront bien rarement d'aquatiques. Le pharmacien pourra y faire une ample moisson de vulnéraires, d'espèces amères, aromatiques et apéritives; il rencontrera à chaque pas le camedris dont nos médecins font grand cas; et s'il saisit le moment favorable, une récolte abondante de cantarides le dédommagera de ses courses et de ses fatigues. Le Minéralogiste y chercherait en vain des productions volcaniques: la pierre calcaire, le schiste, le tuffe, des amas de cailloux et de gravier se présenteront partout à sa vue: les cailloux roulés par les torrens lui offriront peu de variétés intéressantes. En s'écartant un peu dans la montagne, il trouvera différentes cristallisations de spath calcaire, des marbres, des albâtres, quelques mines de fer et de charbon. Les mines, ni les carrières ne sont point exploitées; elles le seraient probablement, si la difficulté des transports et des arrivages, et les frais d'exploitation n'y apportaient peut-être le plus grand obstacle. Le charbon de terre a été reconnu excellent; il y en a de deux espèces, du bitumeux et du sulfureux: j'en ai vu plusieurs échantillons couverts de petites écailles ou paillettes d'or. On sait que l'*Orba* en charie dans son cours, et que plusieurs familles vivent principalement du produit de ces paillettes que l'on trouve sur le sable de cette rivière, dont on attire les eaux en faisant des saignées dans le voisinage de ses chûtes ou cascades. Il est possible que l'*Orba* qui, dans ses débordemens, vient battre les mines de charbon, en détache et entraîne les paillettes que l'on m'a fait remarquer.

L'air de la vallée et de la colline est sain, peut-être un peu trop vif pour des poitrines délicates. Les étés sont ordinairement secs ; la chaleur est brûlante pendant le jour ; les matinées et les soirées sont très-fraiches. L'atmosphère est sujette à des variations sensibles et fréquentes, ce qui exige des précautions pour la manière de se vêtir, sur-tout de la part des étrangers. Les vents du sud et de l'ouest appelés *Vents de mer* y sont dominans ; l'on n'est cependant point privé de ceux du levant et du nord. Les orages y sont assez fréquents et la foudre tombe plusieurs fois chaque année. On ne se rappelle d'aucun tremblement de terre. On ne connait point de maladies proprement endémiques ; il règne de tems à autres des fièvres à caractères, comme dans les autres contrées d'Italie. Les naissances et les morts sont à peu-près dans la même proportion ; les habitans parcourent une longue carrière, on compte même des centenaires.

*Acqui* est un endroit peu vivant et triste par lui-même, surtout pendant l'hiver. Il y a quelques étrangers, et l'on remarque un peu de mouvement pendant la saison des bains, et aux deux foires où il se fait quelques affaires en bestiaux et en mulets. On conçoit cependant que ceux qui y ont leurs occupations, leurs intérêts ou leurs affections peuvent s'y plaire. La campagne est variée comme nous l'avons dit plus haut; la vie est à fort bon compte, et le peuple qui a pu être égaré un instant dans la révolution, y est tranquille et bon. Les hommes sont d'une belle taille; on rencontre quelques jolies femmes; il s'en trouve un plus grand nombre d'aimables, et en général le sèxe ne s'y fait remarquer ni par sa beauté, ni par sa difformité. Les juifs forment un quart de la population; il y en a quelques-uns de très-riches qui habitent ou qui ont vue sur la grande rue; ils étalent peu de luxe; les autres confinés dans un Ghetto, ou plutôt cloaque, offrent, comme par tout ailleurs, l'image de la misère couverte de haillons et de la malpropreté rebutante. La bonne société se rassemble ordinairement chez Mesd.[es] Accusani et Derot, où l'on trouve gaieté, amabilité et bon accueil, et à la maison Bruni; trois frères parfaitement unis y composent une famille intéressante, affable et prévenante envers les étrangers, et parmi laquelle habite M. le Sous-Préfet, Administrateur généralement aimé, et qui joint des talens agréables à des connaissances plus solides. *Acqui* renferme dans ses murs quelques autres personnes instruites, telles que MM. les Professeurs de l'Ecole sécondaire. Elle vient de perdre, il y a peu de tems, M. MORIONDO qui a fait un recueil d'actes et de titres anciens relatifs aux Eglises, intitulé *Monumenta Aquensia*. Il devait faire paraître une histoire d'*Acqui*; il est mort probablement sans y avoir mis la dernière main. M. BIORCI, père de famille respectable, a occupé ses loisirs depuis la révolution, à composer aussi une histoire d'*Acqui* qui est encore manuscrite; il en a envoyé un extrait à M. le Préfet du département, pour être inséré dans la statistique; on le dit intéressant: M. BIORCI a eu la complaisance de me lire un passage sur les inscriptions trouvées à *Acqui*, et une dissertation sur la position présumée de *Caristo*. M. l'Avocat FERDINAND BRUNI a des connaissances en histoire naturelle, en minéralogie, en chimie et en agriculture. Il m'a donné plusieurs éclaircissemens, et m'a communiqué des observations, soit sur les antiquités d'*Acqui*, soit sur les productions du sol de son arrondissement.

Quoique la Ville d'*Acqui* soit bien loin d'être ce qu'elle était du tems des Romains, elle n'en sera toujours pas moins un lieu intéressant pour l'humanité souffrante, en raison de ses eaux thermales et sulfureuses, que la providence sensible à nos misères y fait couler avec profusion pour notre soulagement.

Ce serait ici le moment de dire deux mots sur la formation des eaux minérales et thermales ; sur la manière dont elles s'unissent avec les gaz acides, les sels, les métaux et les terres qui constituent leurs qualités particulières : ce serait l'occasion d'émettre une opinion sur la cause de leur chaleur; de chercher à expliquer comment il peut y avoir fermentation et décomposition de certains minéraux ; comment le calorique naturellement en état de combinaison dans les corps, se dégage, passe à l'état libre et est absorbé, et communiqué par le fluide dont il est question. Mais il est plus convenable de laisser ce soin à l'habile Chimiste chargé d'analyser les eaux, qui peut, s'il le juge à propos, raisonner d'une manière plus solide et plus intéressante sur cette matière qui a été le sujet des discussions de plusieurs Physiciens : je me borne à dire qu'il y a probablement deux laboratoires principaux où la nature prépare et compose les eaux thermales d'*Acqui*.

Je ne parle point des eaux froides appelées par M. MALACARNE, purgatives du *Medrio*, des eaux tièdes de *Caldana de Visone*, des eaux salées et diurétiques de *Strevi*, de celles acidules et ferrugineuses de *Grognardo*, de la source sulfureuse froide de *Monastero*, de la source sulfureuse et acidule de *Castelletto-d'Orba* etc., parce que ce serait s'écarter de notre sujet, et qu'il n'est ici question que des eaux thermales d'*Acqui*, et principalement de celles au-delà de la *Bormida* ou du *Stregone* (10).

J'ai dit que probablement il y avait deux laboratoires et deux foyers d'où partaient les eaux, l'un en deçà, l'autre en delà de la *Bormida*; parce qu'il ne serait pas impossible que ce fut des environs de la source de la Ville que vinsent celles du *Stregone*. Ceux qui sont de cet avis s'appuient sur le niveau du terrein et sur la chaleur des eaux. Celles de la Ville sont un peu plus élevées que celles du *Stregone*, et ont environ vingt dégrés de chaleur de plus. Mais ce qui me fait penser différemment, c'est la direction des eaux du *Stregone* qui paraissent bien sortir de cette montagne. Au surplus, la solution de ce problême est peu importante; et il n'en est pas moins constant qu'il y a deux grands réservoirs où la nature nous invite à venir puiser des adoucissemens à nos maux, l'un au milieu d'*Acqui*, et l'autre au pied du *Stregone* et à un myriamètre de la Ville.

Le réservoir qui se trouve dans la Ville ne comprend qu'une seule source, mais très-abondante; elle est à peu-près au centre : exposé et coulant au sud-ouest, elle sort d'un rocher calcaire situé au nord-ouest des sources qui sont au-delà de la *Bormida* : une fontaine quarrée dans le bas, et figurant une grande niche bien proportionnée, retient ses eaux qui s'accumulent et sortent avec rapidité de deux bouches de onze centimètres de diamètre ; chaque colonne d'eau n'occupe que moitié de ce diamètre ; et outre ce double écoulement, il se perd par la base de la fontaine une quantité à peu-près égale à la valeur d'une des deux bouches. Chaque bouche ou tuyau envoyant 140 litres par minute, il résulte qu'avec la perte de la maçonnerie, la source peut fournir 420 litres par minute, ou 604 myrialitres et 8 kilolitres par jour. Cette eau presque bouillante ne conserve plus son odeur sulfureuse, lorsqu'elle est réfroidie ou qu'elle a bouilli ; et indépendamment de ses vertus médicales, on s'en sert pour les besoins de la vie commune : pour laver le linge et la vaisselle, faire la barbe, nétoyer et dépouiller les bestiaux et les volailles destinés à la nourriture de l'homme : la plupart des boulangers même en pétrissent leur pain généralement bon et bien fait : elle cuit parfaitement les légumes : il n'y a gueres pourtant que la classe indigente qui l'emploie à cet usage, ainsi que pour faire la soupe et cuire d'autres alimens ; les gens aisés ne le feraient point sans une répugnance sans doute mal fondée, puisqu'il est inoui que cette eau ait jamais incommodé personne : il parait constant qu'elle attaque et détériore le beau linge au blanchissage à peu-près comme l'eau de la mer. Elle a une grande force d'inertie, et conserve long-tems sa chaleur, au point que lorsqu'on veut en prendre des bains domestiques, on peut emplir les baignoires la veille, et qu'il suffit de les couvrir d'un linge pour la retrouver le lendemain à un dégré de chaleur convenable. c'est vraiment une ressource précieuse pour le peuple dans un pays où le bois est assez cher ; et l'on voit avec peine qu'il soit obligé de venir de loin chercher cette eau que l'on pourrait, sans beaucoup de frais, faire circuler et distribuer dans plusieurs quartiers de la Ville. Il est possible pourtant que l'on craigne qu'étant trop multipliée, son odeur et ses vapeurs ne fatiguent et n'incommodent les habitans. En sortant de la fontaine elle se précipite et se perd dans un conduit souterain, pour ne reparaître qu'hors de la Ville, où elle va former un petit bassin d'un mètre 75 centimètres de long, sur 75 centimètres de large et 30 de profondeur: ce bassin communique à une piscine ou autre bassin de 7 mètres et 50 centimètres quarrés et de même profondeur. La température de l'atmosphère n'étant qu'à 13 dégrés, le thermomètre plongé dans ces deux bassins qui présentent une grande surface à l'air est monté à 50 dégrés. Le grand bassin se décharge dans le torrent du *Medrio*, qui s'empresse de porter à la *Bormida* le double tribut de son onde impatiente, et de l'eau thermale, qui quitte à regret des lieux sur lesquels elle se plaisait à répandre des bienfaits.

La source ne s'arrête jamais, et n'a point d'intermittence, comme quelques personnes l'ont pensé; il arrive bien quelques fois que l'eau du réservoir ne monte plus à la hauteur des deux bouches par où elle s'écoule de la niche; mais cela vient de ce que la pouzolane de la maçonnerie perd de sa ténacité, que la pierre qui bouche une ouverture pratiquée au fond du réservoir ne ferme plus hermétiquement, et que les écoulemens à travers cette maçonnerie deviennent trop considérables : on y remédie, comme on a fait cette année, au moyen des réparations convenables.

On a prétendu qu'il existait, du tems des Romains plusieurs autres sources qui ont été perdues : il serait difficile de prouver le contraire; car dans le fait il serait possible que cette perte eut été occasionnée par quelque révolution souterraine, ou causée par la négligence des habitans ; ou bien les sédimens que déposent ces eaux auraient pu obstruer les canaux naturels par où elles s'écoulaient : mais lorsque l'on considère combien la source de la Ville d'*Acqui* est abondante, on aime à croire qu'elle existait seule dans tous les tems, et que l'industrie Romaine l'avait multipliée pour la santé et les besoins domestiques, au moyen de conduits qui amenaient ces eaux dans plusieurs quartiers, formaient des piscines ou réservoirs publics, et fournissaient même les habitations des particuliers.

J'en viens maintenant aux sources des eaux thermales situées au-delà de la *Bormida*, qui font l'objet essentiel du travail demandé. Sur la rive droite de la rivière se trouve une montagne des plus élevées des environs, que l'on nomme le *Stregone* (Montagne du sorcier) : la croute qui l'enveloppe est schisteuse, et sa masse est calcaire et à bans horisontaux, avec une inclinaison au nord-est et au sud-ouest. Son revers qui fait face au midi est couvert de châtaigniers, d'habitations, de vignobles et de champs cultivés ; il en est de même de son extrémité au levant qui s'adoucit insensiblement et va se confondre dans la plaine. Le côté du couchant vient aboutir à une gorge formée par le torrent du *Ravanasco* : la pierre calcaire y est très-solide et en exploitation ; c'est de ce côté qu'est le chemin de la montagne et que l'on trouve quelques grottes, aziles des renards et aux voûtes desquelles sont suspendues de jolies stalactites.

Du côté septentrional et qui fait face à la *Bormida*, une partie de la cime du *Stregone* est inculte ; à mi-côte, on remarque quelques châtaigniers, et sa superficie commence à montrer une terre végétale ; on y apperçoit des vignes plantées et des champs cultivés qui descendent jusqu'à la Vallée. Au pied de la montagne est un terrain uni, avançant sur cette Vallée qu'il domine de 4 à 5 mètres, et figurant une plate-forme qui peut avoir 2 kilomètres de longueur sur une largeur moyenne d'un kilomètre. Cette langue de terre fait face au nord et au couchant ; et elle est bornée au midi et au levant par les montagnes : à la partie occidentale et à la partie septentrionale, elle est garantie des débordemens du *Ravanasco* et de la *Bormida*, par une forte muraille de 3 à 5 mètres de haut.

C'est sur cette plate-forme que se trouvent réunies nos sources thermales dont le foyer doit être dans la montagne : C'est là qu'est l'établissement des bains. Une inscription latine rappelle que cet édifice bâti en 1687, par FERDINAND CHARLES, Duc de *Mantoue*, et Marquis de *Montferrat*, a remplacé lés maisons ou pavillons tombés en ruine par l'effet du tems et l'éboulement de la montagne.

Relativement à cet événement, il est à remarquer que cette montagne semble avoir été taillée à pic vers son extrémité orientale, et à peu-près au-dessus des bains : un amas confus de petites monticules et plusieurs enfoncemens y annoncent un désordre qui est probablement l'effet de quelque tremblement de terre ou de quelqu'autre révolution ; et je pense que c'est à tort que M. Malacarne l'attribue au travail des eaux de la *Bormida*. Cette rivière peut bien, lors des grosses crues, dans sa course rapide, miner et enlever des terres légères et peu liées ; mais il est invraisemblable que, coulant en pleine liberté dans une large Vallée, elle ait pu, à l'aide même d'une grande suite de siècles, travailler avec une force telle qu'elle eut occasionné un déchirement et un bouleversement dans la montagne la plus solide. Il serait invraisemblable aussi que les habitans de la montagne n'eussent point opposé quelque digue, quelqu'obstacle pour leur propre sûreté : nous devons donc attribuer à toute autre cause cet écroulement d'une partie de cet amas imposant ; peut-être aux travaux souterains de l'Agent puissant qui donne aux eaux leur qualité thermale.

Quoiqu'il en soit, M. MALACARNE raconte que l'on ressentit tout à coup une secousse terrible ; qu'il s'ouvrit une sorte d'abîme dans lequel s'engloutirent les maisons des bains et d'autres de la montagne ; que la *Bormida* en recula épouvantée, et alla se choisir, à quelque distance, un lit plus paisible, et que les sources reparurent plus bas, et à l'endroit où elles coulent maintenant. Pour adoucir la teinte d'un tableau aussi effrayant, il ajoute qu'une habitation champêtre fut transportée en entier à plus de trois cents pas vers la rivière, avec les païsans et les bestiaux, sans le moindre accident et le moindre dérangement. J'ai peine à croire à un pareil miracle, quoique l'on raconte plusieurs faits à peu-près semblables, et que l'on assure notamment que dans les environs d'*Oneille*, presque tout un Village, il y a deux ans, soit ainsi descendu d'une colline éboulée. La maison existe encore ; les curieux vont la voir, et ils lui trouvent des caves et de fort bonnes fondations. Je ne crois pas non plus qu'il y ait eu une catastrophe telle que M. MALACARNE le dépeint ; parce que rien ne l'indique, et qu'elle n'est constatée que par la tradition de quelques païsans. Il y a bien eu éboulement et déchirement de la montagne, et peut-être une cabane en a été écrasée, mais il faut bien se garder de croire que les deux maisons ou pavillons, au milieu desquels se trouvaient les bains, aient été ensevelis dans un abîme, et que les sources aient changé de place. L'inscription que l'on voit encore sur la porte d'entrée de l'établissement attesterait assez le contraire, quand bien même M. Rasetti, Agent actuel du Génie, n'eut pas découvert les fondations des anciens pavillons, en bâtissant l'aile qui fait face aux sources. Quant au changement de lit de la *Bormida*, c'est un événement commun, peu intéressant, et qui n'a pas besoin d'une révolution pour s'opérer: on sait combien les rivières d'Italie sont inconstantes dans leurs cours, et combien elles changent facilement de lit.

L'établissement était d'abord composé de quatre ailes de 60 mètres, et formant un quarré parfait. Derrière le côté oriental était une espèce de pré environné de murailles, dans lequel les sources étaient réunies comme elles le sont encore actuellement; et l'établissement était exclusivement destiné pour le civil. On pensa enfin à faire participer les militaires aux bienfaits des eaux thermales; et comme l'armée du Roi était peu considérable, et que l'on avait la ressource des eaux d'*Aix* en Savoie, on se contenta d'ajouter une aile qui fait continuation de l'aile septentrionale du bâtiment quarré, et dont les arcades et l'entrée donnent sur le pré et font face aux sources. Les militaires occupaient exclusivement ce pavillon. Ils n'étaient point comme les nôtres soignés et nourris par l'Administration ; ils vivaient comme à la caserne, occupaient huit chambres et avaient leur piscine ou bain commun. La piscine se trouvait du tems de M. Malacarne, dans la belle cour quarrée désignée par la lettre P : Elle a été depuis comblée et remplacée par celle que l'on voit dans le pré aux sources et désignée par la lettre E. Lorsque les Français furent maîtres du Piémont, on commença par s'emparer de ce pavillon ; bientôt les heureux effets des eaux déterminèrent à y envoyer un plus grand nombre de nos militaires : on emprunta au civil une aile du bâtiment quarré, puis une seconde, puis une troisième ; enfin, l'on sentit qu'il était peu convenable de réunir, dans la même enceinte, des personnes civiles des deux sèxes, avec les militaires ; et le nombre des hommes à qui les eaux sont jugées nécessaires dans les corps augmentant tous les ans, l'établissement nous est destiné en totalité.

Le nombre des sources a varié suivant les tems. M. Malacarne en compte neuf qu'il divise en sources et en petits lacs. Elles sont maintenant réduites au nombre de sept, dont on trouvera l'emplacement figuré au plan ci-joint, sous les lettres A. B. C. D. F. G. H. On pourrait les réduire ou les multiplier sans inconvénient. Toutes viennent se réunir à la source D., appelée le *lac des boues*, qui entretient la piscine, les bains et les douches ; et de là, par divers conduits de décharge, elles s'écoulent hors de l'enceinte des bâtimens. L'écoulement du bassin extérieur de décharge a fourni environ 400 litres par minute, quantité présumable de leurs produits réunis (11).

L'on peut naturellement ajouter ici la source froide découverte, il y a environ dix ans, dans la gorge du *Ravanasco*, et indiquée par la lettre G. Elle a une odeur forte, hépatique et d'œufs couvis, et sort d'un rocher qui se trouve au pied de la montagne appelée la *Bigogna*, à 3 kilomètres de l'établissement, dans la direction du couchant : elle est peu abondante et ne donne pas plus de 3 kilogrammes d'eau par minute ; elle en donnerait le double si l'on y réunissait deux filets qui coulent librement à droite et à gauche, et qui, comme elle, vont se confondre dans le torrent du *Ravanasco* : elle parait avoir une bien grande vertu ; les bestiaux en sont très-avides ; et lorsqu'ils passent en troupe, on les voit à l'approche de l'écoulement de la fontaine, se presser, se heurter et ne céder la place qu'à regret et au plus fort. On peut également ajouter une autre source extérieure d'eau thermale qui se voit au pied du gros mur, à l'exposition du nord et au point du milieu de l'aile gauche du bâtiment; cette source abandonnée au possesseur du champ voisin et désignée par la lettre F, peut fournir environ 20 litres par minute.

Toutes ces eaux de nature sulfureuse, comme on le verra à l'analyse, s'employent intérieurement ou extérieurement: l'on prend en boisson les eaux de la source la moins chaude, appelée *Fontanino*, figurée à la lettre G du Plan, et celles de la source froide du rocher de la *Bigogna*. Nous avons fait connaître le produit de cette dernière source; celle de *Fontanino* donne 12 litres par minute; les autres eaux qui viennent se jeter dans le bassin appelé *Lac des boues*, servent aux douches et aux bains que l'on prend, ou dans des baignoires, ou dans des bassins, ou à la vapeur (12).

Si l'on en croit les différens auteurs qui ont écrit sur les eaux d'*Acqui*, elles conviendraient à un grand nombre de maladies et d'infirmités; mon intention n'est point d'en donner le détail. Pour savoir quelles sont leurs vertus, quels peuvent en être les inconvéniens, quel est le régime à observer, il faut consulter l'ouvrage de M. Malacarne et les auteurs qu'il cite ; il faut s'adresser à MM. nos Officiers de santé instruits et zélés, et mettre à contribution leurs lumières et leur expérience : je me borne à dire que je tiens de ces Messieurs qu'en général nos bains conviennent parfaitement aux rhumatismes, aux douleurs et aux infirmités occasionnées par les blessures et les fraicheurs, aux paralysies et à toutes les maladies cutanées. J'ajoute que chacun est témoin des cures merveilleuses qu'ils opèrent tous les ans. Combien de militaires arrivés sur des voitures, marchant avec les plus grandes difficultés à l'aide d'un bâton, ou pouvant se soutenir à peine sur des béquilles, sont retournés gaiement, et à pied, à leurs corps ? Cette année parait avoir été une des plus heureuses. Je n'en rapporterai que deux exemples frappans : Louis Schmitz, fusilier au 7.me Régiment d'infanterie de ligne, et M. Victor Duvivier, ancien Major au service du Roi de Sardaigne et pensionnaire de l'État, résidant à Turin. Schmitz est arrivé ayant les deux bras tellement paralysés qu'il ne pouvait en faire aucun usage, ni même en obtenir aucun mouvement : on était obligé de lui donner la soupe et de lui présenter les autres alimens comme à un enfant. Ce brave Soldat resta, à la vérité, trois mois à notre établissement ; mais il en est sorti pour aller reprendre son service à son corps, et se servant des bras et des mains comme si ces membres n'avaient jamais éprouvé la moindre infirmité. M. Duvivier est arrivé avec tout un côté du corps absolument paralysé ; sa tête penchait en avant, en arrière, ou sur l'une des deux épaules, si elle n'était soutenue. Lorsque le malade n'était point couché, il l'a tenait avec les mains ou appuyée contre une muraille ; et lorsqu'il voulait marcher, il avait recours à un appareil formé de plusieurs bandes qui venaient s'attacher à sa ceinture comme des espèces de bretelles. Chacun souffrait de le voir dans une position aussi fatigante, et l'on comptait peu sur l'efficacité des eaux pour l'en voir sortir. Deux mois ne s'étaient point écoulés depuis l'arrivée de M. Duvivier, qu'on le vit partir pour aller rejoindre sa famille, marchant d'un pas assuré, la tête ferme sur les épaules, et ayant retrouvé, avec l'usage de tous ses membres, la gaieté et l'amabilité si naturelles aux personnes de son état. On trouvera dans M.r Malacarne, dans les Ouvrages de Savonarola, Guainerio, Viotto et Blesi, et dans les Mémoires de MM. nos Officiers de santé un grand nombre de guérisons aussi surprenantes (13).

Les malades ne se guérissent pas seulement par le moyen des eaux, mais encore par le secours des boues qui n'ont pas moins de réputation et de vertus. Suivant les circonstances et les besoins, on les applique ou sur tout le corps, ou sur une partie du corps. Au premier cas, on se sert de baignoires longues ; au second, on se sert d'appareils pour y placer le membre malade. Comme l'observe LUC BLESI, citoyen d'*Acqui*, dans son petit Ouvrage intéressant imprimé à *Tortone* en 1614: c'est une position bien extraordinaire que celle d'un homme riche, puissant, considéré, redouté ailleurs : ici nud, couvert d'une boue noire, et couché dans la fange parmi une foule d'autres compagnons de misère. Mais que ne faisons-nous pas pour nous débarrasser des maux et des infirmités qui nous assiégent de toutes parts, et pour prolonger notre chétive existence ? Ce n'est pas une chose très-aisée que d'appliquer cette boue brulante ; il faut de l'usage, de l'habileté et de la force pour s'en bien acquitter : c'est sur-tout à aller la puiser qu'il faut avoir été dressé et habitué de jeunesse. La manière dont se fait cette opération est assez curieuse.

Les boues se prennent dans la source figurée à la lettre D. Ce petit lac de la forme d'un trapeze a 28 mètres de long sur une largeur moyenne de 17 mètres. Son eau bouillonnante dont la colonne est d'environ 4 mètres pose sur un lit de vase qui peut avoir 4 autres mètres de profondeur. Pour l'extraction de cette boue, on aurait pu imaginer une machine quelconque à peu-près dans le genre de celle à curer les ports et les canaux ; mais on s'est servi de plongeurs. à ce qu'il parait, de tems immémorial. Douze hommes d'*Acqui*, de la taille de grenadiers, robustes et de bonne mine, nommés *Fangaroli*, et parmi lesquels se trouve un chef qui a le titre de Caporal, ont ce privilège exclusif. Tous les jours et souvent deux fois le jour, la moitié des *Fangaroles* se jete dans ce lac brûlant ; nage, plonge et va en pécher la boue dans des espèces de baquets, et la rapporte à la surface de l'eau. Cette boue est reprise par leurs camarades qui courent la porter à la salle où elle est appliquée, ou la mettre en dépôt dans un plus petit bassin. Ils vont et viennent plusieurs fois à la charge : il y en a qui plongent pendant environ une minute ; enfin, ils restent à volonté dans cette eau sans souffrir ; seulement lorsqu'ils en sortent, leur peau est d'une couleur rougeâtre, approchant de celle de l'écrevisse cuite. Cependant cette eau est à plus de 40 dégrés de chaleur à l'échelle de Reaumur, comme on le verra à l'analyse de M. Mojon ; et il y a quelques années qu'un Soldat de la garde, se-disant bon nageur, malgré les défenses qu'on lui avait faites, voulut absolument se baigner dans ce lac. Il s'y glissa au moment où il n'était point apperçu ; il fut apparemment saisi, et n'eut pas la force de joindre les dégrés ; les *Fangaroles* étant absens, on lui jeta inutilement des cordes, et l'on ne put le retirer qu'au bout d'un quart d'heure : il était mort et avait les membres retirés.

Il y a cependant des insectes qui vivent très-bien dans les lacs : M. MALACARNE parle de trois espèces, sans décrire des caractères propres à les classer. La première espèce est, dit-il, un petit scarabée appelé *Puce des bains*; la seconde n'a pas denom particulier, elle est de couleur de cendre à tête courbe, ayant des pattes comme le ver à soie ; la troisième ressemble à la sangsue, et se nomme, par les *Fangaroles,* poissons des bains. M. MALACARNE prétend en avoir conservés pendant quatre mois dans de l'eau thermale, en ayant soin de la faire changer souvent. Il a observé qu'ils s'engourdissent lorsque l'eau se réfroidit ; qu'ils se réveillent lorsqu'on leur donne de l'eau nouvellement tirée des lacs ; et que si on les plonge dans une eau de fontaine ou de puits chauffée au dégré des eaux thermales, ils meurent en très-peu d'instans.

J'ai fait vuider les bassins et les lacs sans avoir pu me procurer ces trois espèces d'insectes ; les *Fangaroles* m'ont assuré qu'ils ne connaissaient que la première.

Mais je conserve vivant un insecte plus considérable, pris parmi d'autres qui ont échappé : c'est un superbe Dytique, variété du *Dytiscus laterali-marginalis*. Il a 3 centimètres 4 millimètres de long (environ 15 lignes); ses élytres sont d'un beau verd foncé, avec une bordure d'un jaune d'or; ses antennes et ses antennules sont fauves; son ventre est jaune, marbré et nuancé de couleur de rouille, avec des barres verdâtres, qui commencent à l'origine des pattes postérieures qui, comme les quatre autres, sont jaunes dans leur principe, et brunes aux extrêmités. C'est surtout dans une eau bien claire et au soleil que l'on voit briller sa belle robe dont l'éclat est peut-être dû à l'eau thermale. Dans l'eau froide qui lui a succédé et que je change de tems à autre, il a conservé toute sa vivacité; il nage avec rapidité; il aime cependant à se cacher, et se couvre de tous les brins d'herbe et des feuilles qu'il rencontre. Avec ses deux tarses antérieurs faits en forme de pelles ou de truelles, il saisit adroitement tout ce qu'on lui jete, et surtout les mouches dont il parait très-friand. Si elles présentent la tête, il les retourne avec dextérité, et les suce et les avale en peu d'instans, à l'exception des ailes qu'il dédaigne. Quelquefois, surtout lorsqu'il est tourmenté, il laisse échapper une liqueur blanchâtre, de l'eau et des bulles d'air. Il est possible, que sa larve soit ce que M. MALACARNE a pris pour des insectes ressemblans à la sangsue et au ver à soie.

Il croit aussi dans le lac aux boues, les autres petits lacs et le bassin appelé *piscine*, différentes plantes aquatiques. M. MALACARNE prétend que le nombre en est considérable, et qu'elles sont du genre des *bissus*, des *mousses* et des *fucus*. Pendant la saison des bains, les militaires et les servans troublent souvent l'eau de la piscine ; les *Fangaroles* en puisant les boues dans le grand lac et les déposant dans les petits, dérangent considérablement la végétation de ces plantes. Je n'ai pu les bien observer qu'un mois après le départ des baignans. Elles avaient eu le tems de se reproduire et de se développer, et je pouvais, sans interrompre le service, faire écouler les eaux. Après les avoir examinées avec la plus grande attention, je n'en reconnus que deux espèces ; une *Marchantia* dont les murs, les pierres et des pièces de bois sont garnis, et l'*Ulva labyrinti-formis* qui tapisse le fond des bassins (14). Cette dernière plante forme une sorte de peau qui s'attache à la boue et la recouvre totalement. Elle a peu de consistance; cependant elle se roule facilement, et avec des précautions, on l'enlève par plaques. Les courans d'eau, les petites sources qui bouillonnent ou d'autres accidens déchirent sa contexture, et en font retourner quelques parties qui vous persuadent que ce sont d'autres plantes. L'illusion est si complette, que je n'ai été détrompé qu'après l'écoulement des eaux. Les Chirurgiens d'*Acqui* viennent prendre, et ceux de *Turin* envoyent chercher cette Ulve et la Marchant, pour l'appliquer sur les blessures et principalement sur les ulcères (15). L'herbe qui borde les lacs est toujours verte et belle: elle recéle, pendant la saison morte, quelques vipéres qui y trouvent un été perpétuel.

Je n'appuierai point sur l'idée d'une machine propre à puiser la boue: Il serait cruel d'ôter le pain à douze braves péres de famille, bien disciplinés, humains et complaisans pour nos militaires. L'Administration a fait avec eux un abonnement de 600 fr. par mois qu'ils gagnent bien. Il n'y aurait point d'ailleurs d'économie à les renvoyer; il faudrait employer un supplément d'infirmiers, qui serviraient moins bien qu'eux, et qui n'auraient ni l'adresse, ni la force nécessaires pour appliquer les boues dont ils ne pourraient supporter la chaleur.

La boue du lac D. a toujours été regardée comme un objet singulièrement précieux et que l'on ne pouvait remplacer; aussi après les applications, la ramasset-on soigneusement pour la rejeter dans ce lac où elle est repêchée ensuite : mais c'est sans doute une grande erreur que d'y attacher autant de prix ; toute autre terre schisteuse délayée dans les eaux thermales, procurerait les mêmes soulagemens et donnerait les mêmes résultats heureux, soit que les boues agissent comme tonique, soit qu'elles agissent comme topique résolutif ; et je partage volontiers l'avis de ceux qui pensent qu'elles sont principalement un moyen d'exciter et d'entretenir une transpiration salutaire ; que leurs effets sont en raison de leur dégré de chaleur, et du plus ou moins d'épaisseur de la couche appliquée ; et que si elles ont une autre action quelconque, elles la tiennent absolument de la nature de l'eau qui les pénètre (16).

Les sources ou petits lacs figurés aux lettres A. B. C. servent de dépôt aux boues. Lorsqu'il y a beaucoup de malades à servir, les *Fangaroles* font leurs provisions d'avance, et déposent et plongent leurs seaux ou baquets dans ces trois sources ; comme elles sont au moins au même dégré de chaleur que le grand lac, il résulte que ces boues y conservent toute leur qualité et leur vertu. Le bassin de la première source a 1 mètre 70 centimètres de long, sur 1 mètre 60 centimètres de large. Sa profondeur est de 90 centimètres. Celui de la seconde source a 4 mètres 80 centimètres de long, sur 3 mètres 15 centimètres de largeur, sa profondeur est de 60 centimètres. La longueur du troisième bassin est d'un mètre 70 centimètres, sa largeur de 90 centimètres, sa profondeur de 62 centimètres. La piscine désignée sous la lettre E a 20 mètres 20 centimètres de long, 8 mètres 47 centimètres de large, et 1 mètre 30 centimètres de profondeur.

Les bâtimens dont nous n'avons que les trois quarts, nous sont destinés en totalité, comme on l'a vu plus haut. Des bains commodes vont être établis pour le civil dans *Acqui* même. Le Gouvernement a accordé un ancien couvent appelé *Saint-François*, où l'on fera arriver sans peine les eaux de la source abondante de la Ville. Avec un peu de soin, on y formera un petit lac ou dépôt de boues dont les vertus ne le céderont point à celles du *Stregone*. Il y aura, à portée des bains, une salle de spectacle dont les habitans sont privés : l'établissement offrira à la société des moyens de réunion ; il y aura sallon de jeux, sallon de danse ; des promenades, des jardins, des bosquets ; enfin, on y rencontrera tous les accessoires, qui font de la plupart des établissemens de bains, des lieux charmans dont est banni l'ennui ; et dont le séjour délicieux, favorisant les douces rêveries du malade qui vient chercher au loin sa guérison, a une si heureuse influence sur son imagination et sur sa santé même. Le défaut de fonds pourra seul retarder l'exécution de ce projet qui peut rendre quelque vie à *Acqui* (17).

L'établissement au-delà de la *Bormida* devant nous être abandonné en entier, il est essentiel et urgent de s'occuper des dispositions nouvelles qui doivent contribuer à son amélioration ; il y en a cinq principales.

1. Obtenir une eau potable meilleure que celle dont on fait usage. On puise celle qui est nécessaire aux besoins journaliers à deux sources ; l'une est à peu-près en face d'une porte de derrière de l'hospice et au-dessous de la lettre J : on verra par l'analyse de M. Mojon, qu'elle n'est pas infiniment pure, ni de parfaite qualité ; l'autre est sur le côté occidental du *Stregone*, à 2 kilomètres et 30 mètres de la porte de la maison des bains ; nous l'avons désignée sous le nom de *Fontaine Couverte*, et indiquée à la carte par la lettre H : c'est là que l'on va prendre l'eau que l'on veut boire crue et pure ; elle est de meilleure qualité que celle de la première source : mais en montant, l'on trouve à peu-près à la même

exposition une autre source dont l'eau est beaucoup plus agréable et meilleure encore; elle est à 4 kilomètres de l'établissement; nous l'avons appelée *Fontaine supérieure*, et indiquée à la lettre I. M.r Mojon donnera probablement l'analyse des eaux de ces trois fontaines. C'est cette dernière que nous désirerions voir amenée dans la belle cour désignée sous la lettre P. Les habitans voisins nous ont assuré qu'elle était déjà venue aux bains, ce qui confirme ce qu'a dit à cet égard M. Malacarne. Arrivant d'un point très-élevé, non seulement elle formerait un réservoir abondant pour les besoins de la maison, mais on pourrait la faire jaillir de manière à rafraichir l'atmosphère chargée de la vapeur chaude des eaux thermales, et à contribuer à la salubrité de l'air.

2. Acheter le terrein qui avoisine l'établissement, ainsi qu'une maison qui se trouve à la pointe occidentale de la plate-forme, de manière à être maître de toute cette plate-forme. Il est désagréable de voir cinq ou six cultivateurs différens, venir travailler et ensemencer des portions de champs, sous les fenêtres et à la porte d'entrée d'un hospice ainsi resserré par des propriétés étrangères. Il est pénible pour MM. les Officiers de santé et Employés de l'Administration d'être obligés de se loger en Ville, de traverser

plusieurs fois le jour la Vallée pierreuse de la *Bormida* (18), dans laquelle il fait une chaleur si excessive que souvent la barque, qui sert à vous porter d'une rive à l'autre, vous brûle la plante des pieds d'une manière insupportable. Le bien du service exige que tous ceux qui y concourent n'en soient jamais bien éloignés ; et la maison dont nous parlons, réparée et mise en bon état, servirait à loger les personnes dont la présence est presque toujours nécessaire.

3. Faire des plantations dans les portions de terrein dont on ferait l'acquisition ; en former des bosquets agréables qui défendront les malades de l'ardeur du soleil, leur serviront de promenades lorsqu'ils ne pourront ou ne devront point en faire de lointaines, agiteront et renouvelleront l'air, et dégageront pendant le jour des parties essentielles à la vie.

4. Faire un mur d'enceinte qui isole tout le terrein devant appartenir à l'établissement. L'on sent combien il peut y avoir d'inconvéniens à donner la clef des champs à 4 ou 500 hommes qui ne sont pas toujours raisonnables ; qui peuvent aller manger et boire de manière à nuire à leur santé, et commettre même des dégats. Que peuvent quatre ou cinq vétérans ; dix et vingt, si l'on veut, pour contenir autant de

monde dans un pays aussi varié? Si l'on avait une enceinte un peu spacieuse, on pourrait y retenir les hommes qui auraient mérité quelques légères punitions, ou qui ne seraient point tranquilles et raisonnables au dehors. Lorsque MM. les Officiers de santé jugeraient qu'en raison du tems et des variations de l'atmosphère ou de l'état particulier des malades, il serait imprudent qu'ils fissent une promenade lointaine, ils la feraient dans l'enclos, où ils trouveraient à jouer aux boules, aux quilles ou à d'autres jeux d'un exercice modéré. J'ajouterai que ce mur est bien essentiel pour la sûreté des effets et la tranquillité de l'Econome qui en est personnellement responsable.

Ces quatre moyens d'améliorations sont dans les projets de M. le Général du Génie CHASSELOUP et de M. le Colonel LIEDO; tous les plans sont dressés; nous sommes dans l'espérance que les autorisations et les moyens seront accordés à la sollicitation de ces MM. et de M. l'Ordonnateur, et qu'il y aura déjà des changemens avantageux pour l'ouverture de la saison prochaine.

Finalement, quoique les bâtimens paraissent considérables au premier coup-d'œil, il est certain qu'ils n'offrent pas de grandes ressources en raison des distributions peu favorables: le nombre des hommes désignés pour nos bains, dont une partie est obligée d'attendre qu'il y ait des places vacantes, fera toujours désirer une augmentation de local. Le moyen le plus simple de l'obtenir serait d'élever un second étage qui ne régnerait que sur le bâtiment quarré, ce qui formerait quatre grandes salles où l'on placerait 250 lits suivant le vœu du règlement. Les murs étant très-épais et très-solides, les fondations en proportion ; cette élévation a été jugée très-facile par un homme de l'art. Je crois que ce projet mérite d'être pris en grande considération, à moins qu'on ne préfère bâtir de nouveaux pavillons. Ces cinq projets d'améliorations tiennent à des dispositions majeures, il y en a de moins considérables et d'intérieures à faire pour le bien et la facilité du service ; elles ont été l'objet d'un mémoire particulier. A ces divers projets d'améliorations, vient naturellement se mêler le désir de voir les mêmes Officiers de santé chargés du service pendant plusieurs années, afin de profiter de leurs observations suivies.

Il me reste maintenant à réfuter la partie d'un mémoire qui traite de la prétendue insalubrité du local, de sa position géographique, des fièvres qui y régneraient et des causes de ces maladies, du danger qu'il y aurait enfin d'élever une muraille pour former un enclos tel que celui qui est en projet.

Si l'on en croit à son auteur, les fièvres intermittentes régneraient épidémiquement dans l'établissement pendant le mois d'août et de septembre, lorsque les étés sont secs. La cause en proviendrait de sa position qui serait telle que le *Stregone* le couvrirait entièrement au nord et à l'est; qu'il aurait au sud la rivière de la *Bormida*, qu'il ne recevrait de vent que de cette direction et de celle de l'ouest; que ces vents y porteraient les germes de fièvres dont nous venons de parler.

Suivant cet Officier de santé estimable, ces germes partiraient de la *Bormida* qui, devenant entièrement stagnante, fournirait un principe abondant d'infection; ce principe qui viendrait se loger dans notre établissement et attaquer les individus qui l'habitent, serait l'hydrogène carburé qui se dégagerait de cette eau décomposée, de la vase de la rivière et des débris des végétaux.

Il combat avec force le projet de la muraille d'enceinte; il prétend qu'elle concentrerait la chaleur, s'opposerait à l'évasion des miasmes de l'hôpital et à l'agitation de l'atmosphère, et que les malades se donnant moins de mouvement, seraient exposés à la mélancolie et disposés à l'épidémie.

Tout en rendant justice à son zèle et à son attachement pour les militaires, je ne puis m'empêcher de relever les inexactitudes et de combattre les erreurs de son mémoire allarmant.

D'abord il s'est grandement trompé sur la position géographique de l'établissement et sur celle de la *Bormida*. Nous avons pris ces positions avec attention et la boussole à la main; nous sommes d'accord avec M. Malacarne, et nous le serons avec tous ceux qui, venant sur les lieux, se donneront la peine de s'orienter.

L'établissement n'est point borné au nord par le *Stregone*, mais bien au midi; ce n'est point du tout au midi des bains que se trouve la *Bormida*, mais en grande partie au nord. En se plaçant à une distance convenable, on remarquera que la masse des bâtimens offre une façade de 60 mètres à l'ouest, une d'un kilomètre au nord, et une étendue d'un kilomètre 60 mètres aux expositions de l'est et du sud; que les montagnes qui les bornent à l'est, les dominent beaucoup moins que du côté du midi, et que celles du côté du nord en sont éloignées au moins de trois myriamètres. Je n'appuierai point davantage sur une chose aussi incontestable; j'ajouterai seulement que ceci change tout-à-fait la thèse, et renverse l'échafaudage sur lequel on avait commencé à bâtir le système d'insalubrité.

La *Bormida* qui, comme on l'a vu, n'est point du tout au midi des bains, mais qui coule dans la Vallée en traçant une courbe de l'ouest à l'est, et vient passer au nord parallèlement à la plus grande face des bâtimens, n'est pas ce qu'on peut appeler stagnante pendant l'été; elle coule lentement à la vérité, et sans occasionner un grand mouvement dans l'atmosphère; mais elle n'a aucun bras mort dans les environs de notre établissement. Comment se persuader maintenant qu'une eau de rivière, une eau coulante se décompose par l'ardeur des rayons du soleil, de manière à dégager des nuages d'hydrogène carburé, qui, après avoir franchi un espace de 3 à 4 kilomètres sans être neutralisés ou détournés, sans avoir obéi à la loi de la nature qui leur donne une tension vers les régions supérieures de l'atmosphère, sans s'annoncer par leur mauvaise odeur, viendraient s'introduire dans les bâtimens, et donner la fièvre intermittente qui, par l'effet continuel de ce gaz, se maintiendrait et deviendrait épidémique?

Le lit de la rivière est peu profond; il est à peu-près plat par tout, excepté en quelques endroits. Il est composé de terres schisteuses, argileuses et sablonneuses et parmi lesquelles se trouvent par place des cailloux roulés, amenés par les torrens du *Ravanasco* et du *Medrio*, qui viennent en sens opposés et dans le voisinage des bains se jeter dans la *Bormida*. J'ai passé souvent, pendant les plus grandes chaleurs sur les parties de ce lit abandonnées par les eaux retirées; j'ai pris du limon dans les mains, et j'y ai cherché en vain une odeur désagréable; j'ai remarqué seulement que la partie terreuse à peine découverte prenait de la consistance, et formait un passage agréable et doux à la plante des pieds.

Les eaux de la *Bormida* ne sont point arrêtées par des joncs, des roseaux ou autres plantes aquatiques qui pourraient y pourrir et s'y décomposer; c'est une chose même remarquable et frappante pour ceux qui ont le gout de la botanique; du point où la *Bormida* débouche au couchant, jusqu'au point où elle disparait au levant, vous ne verrez en été aucune plante qui croisse dans ses eaux ou sur ses bords; vous rencontrerez quelque fois, à une certaine distance, des arbustes qui profitent de la fraicheur qui se fait sentir dans le voisinage des eaux, et que la *Bormida* a baignés et couverts au printems et à l'automne; mais loin d'être nuisibles à l'atmosphère environnante, ils contribuent à sa salubrité.

Il appartient à d'autres de prendre parti pour ou contre les médecins qui ont avancé que l'hydrogène carburé n'était point la cause directe et absolue des fièvres intermittentes ; il me suffit d'avoir exposé la situation des bâtimens, l'état de la rivière, de son lit, l'absence de toutes plantes aquatiques, et je suis persuadé qu'aucun Médecin-Chimiste n'admettra le système des nuages d'hydrogène carburé, des exhalaisons fébrifères et des épidémies.

L'auteur du mémoire aurait pu se récrier contre le rouissage du chanvre avec quelque fondement. A l'endroit où le *Medrio* se jete dans la *Bormida*, j'ai vu des fosses dans lesquelles pourrissait du chanvre. Je conviens que s'il y en avait une grande quantité, ce serait un bien mauvais voisinage ; mais on a un remède tout simple, c'est d'enjoindre aux habitans d'*Acqui* qui ont des chanvres, d'aller les faire pourrir plus bas, et à une distance telle qu'on ne puisse jamais en sentir les effets (19).

J'ignore si effectivement les fièvres intermittentes ont quelquefois été épidémiques dans notre établissement, j'ai peine à le croire d'après les recherches que j'ai faites ; mais je puis mettre en fait le contraire pour cette année qui a cependant été remarquable par sa sécheresse. Si cette épidémie avait lieu si souvent, croit-on qu'elle ménagerait plus le civil que le militaire? que les gens du pays ne s'en fussent pas encore apperçus? quelle eut échappé à l'œil observateur de M. MALACARNE et aux recherches des savans Médecins qui l'ont précédé? croit-on que MM. les Officiers de santé et Employés, les Infirmiers et les *Fangaroles* éviteraient constamment son influence fâcheuse? il est vrai que l'on traite aux bains plusieurs militaires pour la fièvre; le nombre en a été d'une vingtaine cette année; mais ces fièvres tiennent à des causes particulières, par exemple, à l'effet des bains qui mettent les humeurs en mouvement, à la constitution ou l'état accidentel des individus, à la constitution de l'atmosphère etc., mais nullement aux localités. La plupart de ceux qui arrivent aux eaux sortent des hôpitaux; ceux qui viennent des corps très-souvent jouissent d'une mauvaise santé; il n'est point étonnant que plusieurs apportent et que d'autres prennent la fièvre. Il faut observer aussi que souvent ces fièvres sont l'effet de l'imprudence ou du peu de précaution des militaires. Habituellement dans une atmosphère remplie de vapeurs, dans des salles de douches qui sont des espèces d'étuves, dans des bains très-chauds, couverts de boues brûlantes; si à la promenade quelques-uns d'entr'eux se tiennent peu couverts, s'ils se reposent dans des endroits trop frais, s'ils se promènent trop tard le long de la rivière ; si échappant à la surveillance de la garde, ils vont se charger l'estomac de vin et d'alimens grossiers ; faut-il s'étonner que ceux-là ayent quelques accès de fièvre ?

Il est vrai encore que le Caporal des *Fangaroles* et deux de nos Infirmiers ont eu la fièvre pendant quelques jours, mais elle fut chez eux la suite d'un excès de fatigue ; il est vrai aussi qu'un Officier de santé a eu une fièvre plus opiniâtre dont il est pourtant guéri ; mais il est reconnu qu'il l'a doit à son imprudence. Il avait l'habitude de revenir très-tard de la Ville ; et lorsque le batelier était retiré, il se déshabillait et traversait ainsi la rivière pendant la nuit : voilà les seuls malades que nous ayons eus parmi les personnes attachées au service ; et sans doute si la fièvre intermittente était endémique et épidémique dans l'établissement des bains, on en citerait peu qui n'en ayent été atteintes. Je pourrais avancer, sans crainte d'être contredit, qu'il n'y a peut-être pas une garnison d'Italie et des pays au-delà des Alpes, qui ait eu aussi peu de fiévreux, en proportion des hommes que nous avons reçus aux bains.

Quant au mur d'enceinte contre lequel on se récrie avec tant de force, l'on a vu combien il serait avantageux pour les malades et pour l'Administration. On eut été moins contraire à ce projet, si l'on avait réfléchi que du côté de la Vallée qui a 3 à 4 myriamètres de large et qui forme la moitié de l'horizon des bains, le mur ne doit être élevé tout au plus qu'à hauteur d'appui, parce que la terrasse domine de 3 à 4 mètres sur cette Vallée; et que ce n'est que du côté où l'horizon est borné par les montagnes que la muraille aura à peu-près 2 mètres de hauteur, en sorte que ce mur ne changera en rien l'influence de l'atmosphère; que l'exposition des bains sera toujours telle que nous l'avons décrite; qu'ils jouiront d'un air parfaitement libre au couchant et au nord, et en partie au levant, et qu'ils resteront bornés au levant en partie, et au midi par les montagnes qui les avoisinent.

En voilà suffisamment (20), peut-être trop, pour anéantir un système que l'on a vu paraître pour la première fois cette année, et que ne partagent point MM. les Médecins, et pour dissiper les inquiétudes que le mémoire que je viens de réfuter aurait pu faire naître sur la salubrité de notre local. Son auteur recommandable par ses talens et ses qualités estimables, jouît malheureusement d'une mauvaise santé; le climat d'*Acqui* peut lui avoir été contraire; il convient lui-même que son état aigrit son caractère et le rend atrabilaire; et semblable à ces voyageurs qui dépeignent sous des couleurs défavorables les lieux où ils ont éprouvé des désagrémens, des maladies ou des accidens, il a été naturellement entraîné à nous dépeindre le local des bains comme peu sain et facile à s'infecter de fièvres intermittentes, épidémiques. Au surplus il fait une observation bien propre à nous rassurer; c'est que ces fièvres intermittentes se bornent en général à un ou deux accès, et qu'elles sont ordinairement si bénignes que de simples évacuans, suivis d'un régime tonique, suffisent pour les faire disparaître; et il est persuadé que des plantations multipliées dans les environs des bâtimens, une fontaine d'eau pure et de bonne qualité, et des jets d'eau rafraîchissant l'atmosphère, contribueraient efficacement à détruire le principe de ces fièvres intermittentes. Or, comme tout le monde s'accordera pour solliciter et obtenir ces moyens d'amélioration, c'est un nouveau motif de tranquillité sur la salubrité d'un établissement précieux, et auquel l'armée a déjà de si grandes obligations.

Je termine en proposant de faire essai de nos eaux sulfureuses comme remède pour la galle, persuadé qu'elles peuvent rendre de grands services soit aux hôpitaux pour le traitement des galles compliquées, soit aux corps peu éloignés pour les hommes affectés des galles simples ; soit enfin à la cavalerie en particulier pour les chevaux attaqués de cette maladie. Les Autrichiens nous ont laissé un exemple qui pourrait être mis à profit. Lorsqu'ils occupaient le pays, la plupart de leurs soldats et un grand nombre de leurs chevaux étaient atteints de la galle. En réunissant les eaux du bassin extérieur de décharge, indiqué à la lettre E, avec la source aussi extérieure et figurée à la lettre F, ils avaient formé une grande piscine ou petit lac, où plusieurs compagnies venaient à la fois se plonger; et au moyen de l'écluse qui se trouve en avant du bassin de décharge, on retenait les eaux dans une espèce d'abreuvoir, où l'on fesait baigner les chevaux. Aucune galle, à ce que l'on m'a assuré, ne se montrait rebelle, et en peu de tems les hommes et les chevaux étaient parfaitement guéris (21). A supposer qu'il y ait des difficultés de traiter à *Acqui* les galles compliquées, en raison du défaut de local; il est certain que tout étant disposé pour placer au chateau une garnison de 150 à 200 hommes, les corps qui fourniront cette garnison, pourraient y comprendre leurs galleux; et que l'on obtiendrait une économie notable en bois, en linge et en drogues de ce traitement beaucoup plus propre et moins désagréable que les traitemens ordinaires; il est certain aussi que la cavalerie des départemens au-delà des alpes pourrait au bésoin avoir à *Acqui* une infirmerie pour ses chevaux galleux (22): ce qui serait surtout utile au retour des campagnes. Les avantages qui résulteraient nécessairement de ce projet, ne peuvent qu'ajouter à l'intérêt qu'inspire déjà un établissement qui mérite peut-être en raison du voisinage de l'importante place d'*Alexandrie*, d'être pris en affection particulière par un Ministre dont tous les instans sont consacrés si utilement à l'amélioration de l'administration.

# NOTES.

(1) L'ON doit aux sollicitations de M. l'Ordonnateur CAZAC la décision de Son Excellence, qui ordonne qu'il sera fait une analyse des eaux d'Acqui, et autorise la dépense qu'elle pourra occasionner.

(2) Une grande disette que l'on a éprouvée depuis l'époque dont nous parlons, une révolution qui a ouvert diverses carrières à l'intérêt, à l'ambition, aux emplois, à l'ardeur guerrière; sont les causes naturelles d'une diminution aussi sensible dans la population d'Acqui.

(3) Cette voie Emilienne avait été construite par le Consul M. ÆMILIUS SCAURUS du produit du butin qu'il avait fait sur les Liguriens : elle venait de Pise à Tortone et avait été continuée jusqu'à Savone par Acqui. Il ne faut pas la confondre avec la voie Emilienne construite en l'an 567. par ÆMILIUS LEPIDUS, qui commençait à Rimini, où se terminait la voie Flaminienne, et allait jusqu'à Bologne.

(4) Si ce projet est mis a exécution, comme il est probable, le Département de Montenotte et les habitans d'Acqui pour leur compte auront une bien grande obligation à M. CHABROL, Administrateur instruit et laborieux, sans cesse occupé de grandes vues, et du bien-être de ses administrés.

(5) Par les environs d'Acqui, je n'entends point l'arrondissement de la Sous-Préfecture; il m'eut fallu beaucoup de tems, beaucoup de recherches pour en parler d'une manière intéressante et détaillée : j'eusse d'ailleurs dépassé mon but. Je me suis borné à l'espace qui forme l'horizon dont on jouit en se plaçant sur un point favorable au sortir de la Ville ou aux environs des bains; enfin à la vallée pittoresque de la Bormida, qui avec les Montagnes qui la dominent à droite et à gauche peut comprendre une étendue de 5 à 6 myriamètres de long sur 4 à 5 de large.

(6) Tout le monde sait qu'outre que ce roseau est d'un très-bon usage pour servir d'échalas et pour former des claies; on l'emploie pour les plafonds et le cloisons légères, pour les pêcheries, pour former des haies et des traillages; qu'on en fait des cannes, des pipeaux, des quenouilles, des peignes pour les cardeurs, des anches pour les instrumens à vent etc.; on sait qu'on en tire un syrop employé dans les phthisies et autres maladies, que ses feuilles sont vulnéraires et que sa racine peut se manger: on voit donc avec peine qu'il n'est pas multiplié d'avantage dans un arrondissement où il croitroit volontiers.

(7) On apprête lès chataignes pour la table, d'une manière plus recherchée. On les fait d'abord bouillir dans le vin, et après les avoir laissées 7 à 8 jours sécher à l'air, on les passe au four, où on les laisse environ une heure; on les tient ensuite enfermées dans un sac ou entre deux matelas, pendant 24 heures; on finit par les rouler et les frotter pour en détacher l'enveloppe. Il paroit que c'est ainsi que se préparent les excellents marons de Coni.

(8) Le particulier qui ne loue un chataignier que pour un tems limité, tel que deux ou trois ans, s'il éprouve pendant son court bail un manque de récolte, voit son arbre avec indifférence; il est même naturellement entraîné a chercher a s'indemniser, en se permettant d'en couper des branches qu'il respecteroit, et dont il écarteroit avec attention les insectes nuisibles, si l'espérance lui montrait dans l'avenir quelques récoltes abondantes pour le dédommager de ses privations et de ses peines; cette considération mérite peut-être de fixer l'attention de l'administration supérieure.

(9) L'étranger est étonné que le Peuple en Italie se nourrisse aussi frugalement: un morceau de Polenta, un peu de Riz, ou quelques pâtes: voilà en quoi consiste souvent le repas du courageux habitant des campagnes, de l'ouvrier laborieux, et du robuste faquin; mais chacun d'eux boit sa bouteille de vin naturel et bon, douceur dont généralement le peuple est ailleurs privé, et qui est conséquemment forcé de prendre une nourriture plus substantielle et plus corroborante.

(10) Toutes ces eaux minérales, que je viens d'indiquer, et que l'on trouve dans le voisinage d'Acqui et dans des communes qui font partie de cette Sous-préfecture, prouvent assez combien cet arrondissement offre d'intérêt sous ce rapport; une analyse bien détaillée de toutes ces eaux, seroit sans doute d'une très-grande utilité, et cet objet entrera probablement dans les vues de M. le Préfet, à qui on sera incessamment redevable d'une collection importante de productions minéralogiques.

(11) Une heure suffit pour faire écouler l'eau de la Piscine et des lacs, il en faut 24 pour les remplir; le grand lac D. est trop profond pour se vuider entièrement.

(12) Au moyen de la cession totale du bâtiment et des augmentations que se propose de faire le Génie, il y aura plus de facilité dans le service: il y a deux bassins communs, on va en avoir un troisième; il y a quatre bains particuliers, il y en aura huit; il n'y a que deux douches, nous en aurons cinq mieux disposées; il n'y aura point de changement à la salle des bains de vapeurs, parce qu'elle est suffisante et que les chambres des douches peuvent au besoin y suppleer; la salle aux applications des boues reste également la même

(13) Entr'autres exemples frappans des vertus des bains d'Acqui, j'aurais pu citer MM. Lefebvre et Pelletier, Officiers au 56. régiment d'infanterie de ligne. M. Pelletier avait reçu une grave blessure d'arme à feu à la jambe droite. Il fut pendant plusieurs années réduit à ne pouvoir se transporter d'un lieu à l'autre qu'avec des béquilles, et souffrant considérablement: il essaya des bains d'Acqui; à la première saison, il éprouva un grand soulagement; à la

seconde, il obtint une guérison parfaite, au point que cet Officier distingué et connu pour très-actif, pourrait se livrer à l'escrime, à la danse, à la course, sans eprouver la moindre douleur. M. LEFEBVRE avait une jambe bien plus maltraitée, aussi par suite de blessures d'arme à feu: elle s'était retirée et formait avec la cuisse un angle presque droit; six trous différens l'avaient mise dans un état déplorable; on désespérait de pouvoir la guérir, et on devait en faire l'amputation lorsque ce brave Capitaine fut transporté à Acqui. A peine avait-il, pendant six semaines, fait usage des bains, que sa jambe bien rétablie avait repris sa direction et ses fonctions : on l'a vu partir à l'aide d'un simple bâton; on eut eu la satisfaction de le voir marcher comme M. PELLETIER, si l'impatience de rejoindre ses foyers ne lui eut fait précipiter son départ. Ces deux cures sont connues de tout Alexandrie.

(14) Je ne veux point en inférer qu'il n'y ait point au printemps et en été d'autres plantes que les deux que j'ai trouvées à l'automne: La chaleur ne perdant guères qu'un degré pendant l'hyver, et se trouvant toujours à peu-près à 40 dégrés de REAUMUR, on pourrait à la vérité en conclure avec M. MALACARNE, que les mêmes existent dans toutes les saisons, au fond de nos réservoirs, en se succédant sans interruption. Cependant il est vraisemblable, qu'elles sont sensibles et sujettes aux révolutions des saisons, de même que celles de nos serres; de même aussi que celles que l'on voit en été dans le voisinage des crateres d'un volcan brûlant, et qu'on n'y retrouve point en hyver; et l'influence de l'auteur de la lumière devant nécessairement se faire sentir pour la végétation de plantes que ses rayons peuvent encore atteindre, en traversant le fluide qui les sépare de l'atmosphère.

(15) Les circonstances ne m'ont point permis de faire graver ces deux plantes que j'ai seules remarquées dans les eaux thermales, et sur lesquelles j'ai fait consulter le célèbre Professeur de Botanique de Turin, M. BALBIS. Je crois avoir assez bien désigné l'Ulva labyrintiformis. La Marchantia qui imite la forme d'un jabot ou d'une fraise de veau sera également facile à reconnaître. C'est par hasard que j'ai appris qu'on leur attribuait de grandes vertus. Il parait qu'on ne les applique sur les blessures qu'après un traitement préparatoire; c'est peut-être un objet assez important pour mériter des recherches et des observations de la part de MM. les Officiers de santé.

(16) On conçoit facilement qu'une boue de 40 dégrés de chaleur excite une grande transpiration, et que la sueur en pénètre et traverse aisément une couche d'une certaine épaisseur; cependant il est assez particulier de la voir découler de la boue même qui couvre et cache le malade.

(17) On sera, en grande partie, redevable de ce nouvel établissement à M. le Général CHASSELOUP qui en a donné le projet, fait faire les devis et tracé les plans. Sa présence contribuera efficacement à réchauffer les esprits et à faire activer les travaux. Puisse-t-on s'occuper en même tems des promenades de l'extérieur; il serait si facile d'embellir celle qui se présente à la porte de

www.ingramcontent.com/pod-product-compliance
Ingram Content Group UK Ltd.
Pitfield, Milton Keynes, MK11 3LW, UK
UKHW012247240726
13966UKWH00004B/1335